AF542506

29. janvier 1764.

138

ORDONNANCE DU ROI,

Concernant le Régiment des Gardes-françoises de Sa Majesté.

Du 29 Janvier 1764.

A PARIS,
DE L'IMPRIMERIE ROYALE.

M. DCCLXIV.

ORDONNANCE DU ROI,

Concernant le Régiment des Gardes-françoises de Sa Majesté.

Du 29 Janvier 1764.

DE PAR LE ROI.

SA MAJESTÉ voulant donner au régiment de ses Gardes-françoises, des marques de la satisfaction qu'Elle ressent des services distingués qu'il a rendus dans tous les temps & dans toutes les circonstances, & lui régler en même temps un traitement qui réponde à l'honneur qu'il a d'être affecté d'une manière particulière à la garde de sa personne, a résolu de lui fixer une constitution solide & invariable, & d'accorder, tant aux Officiers qu'aux Soldats une augmentation de traitement; & en conséquence, Elle a ordonné & ordonne ce qui suit:

ARTICLE PREMIER.

LE régiment des Gardes-françoises de Sa Majesté, *Le régiment composé de trente-trois compagnies.* continuera d'être composé de trois compagnies de Grenadiers, & de trente compagnies de Fusiliers, lesquelles trente-trois compagnies formeront six bataillons.

II.

Dénomination des compagnies. LA compagnie du Colonel, sera toujours désignée sous la dénomination de compagnie Colonelle, & chacune des trente-deux autres compagnies continuera de porter le nom du Capitaine qui la commandera.

III.

Rang des compagnies entr'elles & pour monter la garde près la personne du Roi. LA compagnie Colonelle marchera toujours la première, & les trente-deux autres marcheront entr'elles suivant le rang d'ancienneté des Capitaines qui les commanderont; Voulant aussi Sa Majesté que lesdites compagnies continuent de monter la garde près de sa personne suivant le même rang d'ancienneté, ainsi qu'il s'est pratiqué jusqu'à présent.

IV.

Prix des charges du régiment. LE prix desdites compagnies & celui des autres charges dudit régiment, continueront d'être fixés aux sommes réglées précédemment par Sa Majesté.

V.

Composition des bataillons. CHACUN des six bataillons dudit régiment, sera composé d'une demi-compagnie de Grenadiers, & de cinq compagnies de Fusiliers.

L'intention de Sa Majesté étant que les compagnies continuent de se mêler dans les différens bataillons, suivant l'usage qui a été pratiqué jusqu'à présent.

VI.

Création de Sergens-d'armes & de Sergens-fourriers. VEUT Sa Majesté qu'il soit établi dans chacune desdites trente-trois compagnies, un Sergent-d'armes & un Sergent-fourrier, dont les fonctions seront réglées ci-après.

VII.

Suppression des Anspessades, & création d'Appointés. VEUT aussi Sa Majesté que le grade d'Anspessade soit supprimé dans toutes les compagnies dudit régiment, & qu'il y soit créé pour en tenir lieu des places d'Appointés, dont les fonctions seront aussi réglées ci-après.

5

VIII.

IL fera de plus établi à la fuite de chaque compagnie de Grenadiers, un Aide-fourrier, un Magafinier, un Aide-magafinier & un Chirurgien, lefquels feront nombre dans la compagnie; & à la fuite de chaque compagnie de Fufiliers, un Porte-drapeau, un Magafinier, un Aide-fourrier, un Canonnier, un Aide-magafinier, un Chirurgien & deux Apprentifs-canonniers.

Création d'Aide-fourrier, de Magafinier, d'un Aide-magafinier & d'un Chirurgien.

IX.

CHAQUE compagnie de Grenadiers fera, foit en temps de paix, foit en temps de guerre, commandée par un Capitaine, deux Lieutenans, deux Sous-lieutenans & deux Enfeignes à pique; & compofée de quatre Sergens, d'un Sergent-d'armes, d'un Sergent-fourrier, de huit Caporaux, d'un Caporal-aide-fourrier, d'un Caporal-magafinier, de huit Appointés, d'un Appointé-aide-magafinier, d'un Appointé-chirurgien, de quatre-vingts Grenadiers & de quatre Tambours, faifant en tout cent dix hommes.

Compofition des compagnies de Grenadiers en tout temps.

Les huit Caporaux, les huit Appointés & les quatre-vingt quatre Grenadiers ou Tambours, feront diftribués en huit efcouades, dont quatre feront de treize hommes, y compris un Caporal & un Appointé, & les quatre autres de douze hommes, auffi chacune, y compris un Caporal & un Appointé; il y aura de plus un Tambour dans chacune des quatre premières efcouades.

Divifion defdites compagnies par efcouades, demi-fections & fections.

La première & la cinquième de ces efcouades formeront la première demi-fection, à laquelle fera attaché le premier Sergent; la feconde & la fixième efcouade formeront la feconde demi-fection, à laquelle fera attaché le fecond Sergent; la troifième & la feptième efcouade formeront la troifième demi-fection, à laquelle fera attaché le troifième Sergent, & les quatrième & huitième efcouades formeront la quatrième demi-fection, à laquelle fera attaché le quatrième Sergent.

La première demi-fection fera particulièrement fubordonnée au premier Sous-lieutenant, & la troifième le fera au premier Enfeigne; ces deux demi-fections formeront la première section, qui sera subordonnée au premier Lieutenant.

La seconde demi-section sera particulièrement subordonnée au second Sous-lieutenant, & la quatrième le sera au second Enseigne; ces deux demi-sections formeront la seconde section, qui sera subordonnée au second Lieutenant; les Lieutenans, Sous-lieutenans & Enseignes rendront tous les jours compte de leur section ou demi-section au Capitaine, qui en rendra lui-même compte au Colonel.

X.

Remplacement des Grenadiers.

L'INTENTION de Sa Majesté est que les Grenadiers qui viendront à manquer, continuent d'être remplacés sur le champ par les compagnies de Fusiliers, chacune à leur tour.

XI.

Composition des compagnies de Fusiliers en temps de paix.

CHACUNE des compagnies des Fusiliers sera, en tout temps, commandée par un Capitaine, un Lieutenant, deux Sous-lieutenans, un Enseigne à pique & un Enseigne à drapeau; & composée, en temps de paix de quatre Sergens, d'un Sergent-d'armes, d'un Sergent fourrier, de huit Caporaux, d'un Caporal-porte-drapeau d'un Caporal-magasinier, d'un Caporal-aide-fourrier d'un Caporal-canonnier, de huit Appointés, d'un Appointé-aide-magasinier, d'un Appointé-chirurgien, de deux Appointés-apprentifs-canonniers, de soixante-seize Fusiliers & de quatre Tambours, faisant au total cent dix hommes.

Division desdites compagnies par escouades, demi-sections & sections.

Les huit Caporaux, les huit Appointés & les soixante-seize Fusiliers formeront huit escouades de douze hommes chacune, y compris un Caporal & un Appointé; il y aura de plus un Tambour dans chacune des quatre premières escouades.

Les première & cinquième escouades formeront la première section, le premier Sergent sera attaché à cette section qui sera commandée par le Lieutenant.

Les seconde & sixième escouades formeront la seconde

section, le second Sergent sera attaché à cette section qui sera commandée par le premier Sous-lieutenant.

Les troisième & septième escouades formeront la troisième section, le troisième Sergent sera attaché à cette section qui sera commandée par le second Sous-lieutenant.

Les quatrième & huitième escouades formeront la quatrième & dernière section, le quatrième Sergent sera attaché à cette section qui sera commandée par l'Enseigne à pique ; les Lieutenans, Sous-lieutenans & Enseignes rendront tous les jours compte de leur section au Capitaine, qui le rendra lui-même au Colonel.

XII.

Composition des compagnies en temps de paix.

VEUT Sa Majesté que les compagnies de Fusiliers du régiment de ses Gardes-françoises, conservent, soit en temps de paix, soit en temps de guerre, le nombre d'Officiers & de bas Officiers fixés par l'article XI de la présente Ordonnance ; & Elle se réserve de déclarer, lorsque les circonstances l'exigeront, le nombre d'hommes dont Elle jugera à propos d'augmenter chaque escouade desdites compagnies.

XIII.

Création de deux Sous-tambours-majors.

IL sera établi à la suite du régiment des Gardes-françoises de Sa Majesté, deux Sous-tambours-majors, qui auront rang de Caporaux, & veilleront à la discipline des Tambours, subordonnément au Tambour-major.

XIV.

Établissement de seize Musiciens, à la suite de l'État-major.

IL sera aussi attaché à la suite de l'État-major du régiment, seize Musiciens que Sa Majesté a jugé à propos d'y établir ; lesdits Musiciens seront toujours affectés à la garde qui servira près de Sa Majesté.

XV.

Composition de l'État-major.

AU moyen de quoi l'État-major sera composé d'un Colonel, un Lieutenant-colonel, un Major, de sept Aides-major, de sept Sous-aides-major, deux Sergens d'ordre, un Tambour-major, deux Sous-tambours-majors, deux Commissaires, dont un ayant la police, un

Maréchal-des-logis, un Aumônier, deux Chirurgiens-majors, un Prevôt, un Lieutenant de Prevôt, un Greffier, un Juge-auditeur des Bandes, un Médecin, un Aide-médecin, un Apothicaire, douze Archers, un Exécuteur & seize Muficiens.

XVI.

Le Major chargé des menues réparations.

LE Major fera feul chargé d'ordonner, fous l'autorité du Colonel & du Lieutenant-colonel, les menues réparations dont il confiera le foin, dans chaque bataillon, aux Aides-major & aux Sous-aides-major, qui feront tenus de lui en rendre compte.

XVII.

Fonctions des Aides-major.

LE premier Aide-major, & fucceffivement les autres Aides-major, en fon abfence, remplaceront le Major dans toutes fes fonctions; ils feront chargés particulièrement du détail de tout l'entretien & de toute la police du régiment, fubordonnément au Major, au Lieutenant-colonel & au Colonel, auxquels ils rendront tous les jours compte de leur détail.

XVIII.

Sous-aides-major.

LES Sous-aides-major feront fubordonnés aux Aides-major, & feront fpécialement chargés de veiller à l'entretien des compagnies, & à ce que les menues réparations foient faites à mefure au moyen de la Maffe commune qui fera établie à cet effet.

XIX.

Sergens-d'ordre.

LES Sergens-d'ordre commanderont fpécialement les Sergens-d'armes, les Sergens-fourriers, les Magafiniers, tous les Fourriers & Aides-fourriers fous les ordres des Aides-major & des Sous-aides-major, ils feront chargés du logement, conjointement avec le Maréchal-des-logis, du campement, des diftributions, des réparations & autres fonctions relatives à leurs charges.

XX.

Sergens-d'armes.

LES Sergens-d'armes auront le détail du magafin & des réparations de leur compagnie; ils commanderont particulièrement le Porte-drapeau, le Magafinier, l'Aide-magafinier & le Chirurgien ; ils feront chargés, en l'abfence des Sergens-fourriers, de rendre compte tous les jours par écrit à l'État-major de tout le détail de la compagnie ; on leur remettra les billets d'appel des fections, demi-fections & efcouades de chaque compagnie; ils feront tenus de figner ces billets d'appel & de les envoyer aux Officiers-majors prépofés à cet effet.

Les Sergens-d'armes de chaque compagnie, auront rang de premier Sergent, & les cinq autres leur feront fubordonnés.

XXI.

Sergens-fourriers.

LES Sergens-fourriers feront chargés, chacun dans leur compagnie, du détail de toutes les fubfiftances & diftributions, du logement, du campement, & de la propreté du quartier & du camp ; ils commanderont particulièrement l'Aide-fourrier, le Canonnier & les deux Apprentifs-canonniers ; & feront chargés, en l'abfence des Sergens-d'armes, de remplir toutes leurs fonctions, conformément à l'article XX de la préfente Ordonnance.

XXII.

Tambour-major.

LE Tambour-major aura rang de Sergent, il veillera fur la conduite, la difcipline & les exercices des Tambours; il commandera les Sous-tambours-majors, conformément à l'article XIII, & continuera de remplir les mêmes fonctions qu'il a remplies jufqu'à préfent.

XXIII.

Les premiers Caporaux & les Soldats, fages & intelligens, feront claffés.

SA MAJESTÉ voulant expliquer fes intentions fur la manière dont il fera procédé à l'avenir au choix des Sergens; Elle a réglé que le premier Caporal de chaque compagnie, ainfi que tous les Soldats fages, intelligens & reconnus pour bons fujets feront claffés.

XXIV.

Pour être claffés, ils fauront lire, écrire & montrer l'exercice.

POUR être admis à être claffé, il fera néceffaire que lefdits Caporaux & Soldats fachent lire & écrire, & qu'ils foient en état de montrer l'exercice.

XXV.

Une fois classés, ils ne pourront s'absenter de Paris, que sur la permission du Colonel.

DÈS qu'ils seront classés, ils seront tenus de faire continuellement le service à Paris, où on sera plus à portée de les suivre & d'examiner leur conduite, l'intention de Sa Majesté étant qu'ils ne puissent s'absenter que du consentement du Colonel ou sur des congés signés de lui, sur peine d'être rayés du registre des classés.

XXVI.

Le Colonel seul, pourra les faire rayer sur les perquisitions des Sergens des douze, & le rapport du Major.

VEUT Sa Majesté que si quelqu'un des Caporaux ou des Soldats classés vient à se déranger, les Sergens des douze, établis pour la police & la discipline du Corps, fassent les perquisitions les plus exactes pour découvrir les faits, & qu'après les avoir constatés ils en rendent compte au Major, qui prendra les ordres du Colonel, lequel seul aura l'autorité de les faire rayer du registre des classés.

XXVII.

Choix des Sergens.

LORSQU'IL vaquera une place de Sergent dans une compagnie, le Major chargera les Sergens des douze d'examiner les trois meilleurs sujets classés du régiment, ils les présenteront au Major, sur le rapport duquel le Colonel nommera celui des trois sujets proposés qui lui paroîtra mériter la préférence.

XXVIII.

Sergens de Grenadiers, tirés du Corps des Sergens de Fusiliers.

LES Sergens des compagnies de Grenadiers, seront toujours tirés du Corps des Sergens de Fusiliers, mais on n'en pourra tirer ni les Sergens-d'armes, ni les Sergens-fourriers.

XXIX.

Sergens-d'armes & Sergens-fourriers.

LORSQU'IL vaquera dans une compagnie une place de Sergent-d'armes ou de Sergent-fourrier, le Major chargera les Sergens des douze, d'examiner les trois meilleurs sujets du régiment, ils les présenteront au Major, sur le rapport duquel le Colonel nommera celui des trois sujets proposés qui lui paroîtra mériter la préférence.

II

XXX.

A l'égard des places de Caporaux, ils feront tirés de leur compagnie & fans avoir égard à l'ancienneté; on les choifira parmi tous les fujets qui auront été propofés par les Capitaines pour être claffés; ils feront enfuite examinés par un confeil, compofé de fix Sergens des douze, y compris les deux Sergens-d'ordre & de fix Caporaux.

Choix des Caporaux.

XXXI.

LORSQU'IL vaquera une place de Porte-drapeau, de Magafinier, d'Aide-magafinier, de Chirurgien, de Canonnier ou d'Apprentif-canonnier; les Capitaines les choifiront dans leur compagnie, & propoferont les fujets au Major qui ne les infcrira qu'après qu'ils auront été agréés par le Colonel.

Porte-drapeau, Magafinier, Aide-magafinier, Chirurgien, Canonnier, Apprentif-canonnier.

XXXII.

LES Sergens commanderont leur fection, la maintiendront dans une bonne difcipline & police, & rendront compte tous les jours aux Officiers defdites fections ou demi-fections, de tous les détails qui les concerneront.

Fonctions des Sergens.

Les Sergens-d'armes & les Sergens-fourriers rendront compte tous les jours à l'État-major de ce qui fe paffera dans la compagnie.

XXXIII.

LES Caporaux attachés aux efcouades, veilleront fur la difcipline, police & exercice de leur efcouade; ils en répondront au Sergent de leur fection ou demi-fection, & fuppléeront aux Sergens qui pourront manquer.

Fonctions des Caporaux.

XXXIV.

LE Porte-drapeau, le Magafinier, l'Aide-magafinier & le Chirurgien feront fubordonnés, particulièrement au Sergent-d'armes, & l'Aide-fourrier & les Canonniers le feront au Sergent-fourrier.

Porte-drapeau, Magafinier, Aide-magafinier, Chirurgien, Aide-fourrier, & Canonniers fubordonnés aux Sergens-d'armes & Fourriers.

XXXV.

A l'égard des dix places d'Appointés des compagnies de Grenadiers, huit appartiendront de droit aux huit plus anciens Grenadiers de chaque compagnie, & les deux autres à l'Aide-fourrier & au Chirurgien.

Appointés des Grenadiers.

XXXVI.

Appointés de Fusiliers.

DES douze places d'Appointés des compagnies de Fusiliers, huit appartiendront de droit aux plus anciens Fusiliers de chaque compagnie, & les quatre autres à l'Aide-magasinier, au Chirurgien & aux deux Apprentifs-canonniers.

Les Appointés commanderont l'escouade, dont ils feront partie, au défaut des Caporaux qui en feront toujours les chefs.

XXXVII.

Terme des engagemens, fixé à huit ans.

LE terme des engagemens sera fixé à l'avenir à huit années au lieu de six; les Soldats qui monteront aux haute-payes, ne seront point tenus, comme par le passé, de servir trois ans au-delà du terme de leur engagement, & le congé absolu sera régulièrement donné chaque année aux Soldats dont le congé sera expiré.

XXXVIII.

Congé absolu, donné aux quatre plus anciens Soldats de chaque compagnie.

SA MAJESTÉ donnera ses ordres au Colonel pour faire délivrer dès-à-présent le congé absolu aux quatre plus anciens Soldats de chaque compagnie, qui s'étant engagés pour six ans, ont continué de servir au-delà de ce terme, le temps de leur service ayant été prolongé à cause de la guerre; & il en sera délivré un pareil nombre régulièrement chaque année à ceux qui seront dans ce cas.

XXXIX.

Récompense pour les Soldats qui auront servi seize ans.

LES Soldats qui auront volontairement renouvelé un second engagement de huit ans, & qui en conséquence, après avoir servi seize ans, voudront se retirer chez eux & non ailleurs, y toucheront la moitié de leur solde; & Sa Majesté leur fera délivrer, tous les huit ans, un habit de l'uniforme du régiment de ses Gardes-françoises.

XL.

Récompense pour les Soldats qui auront servi vingt-quatre ans.

CEUX qui ayant renouvelé volontairement un troisième engagement de huit ans, auront servi vingt-quatre ans, auront le choix ou d'être reçus à l'Hôtel royal des Invalides, ou de se retirer chez eux & non ailleurs, avec leur solde entière; & Sa Majesté leur fera délivrer tous les six ans un habit de l'uniforme du régiment de ses Gardes-françoises.

X L I.

Appointemens & solde en tout temps.

SA MAJESTÉ voulant par une augmentation d'appointemens & de solde, procurer au régiment de ses Gardes-françoises les moyens de subsister avec plus d'aisance; Elle veut & entend que les appointemens & solde soient payés à l'avenir aux Officiers & Soldats dudit régiment, sur le pied, par jour :

SAVOIR,

	APPOINTEMENS ET SOLDE EN TOUT TEMPS.						
	Par jour.			Par mois.			Par an.
COMPAGNIES DE GRENADIERS.							
A chaque Capitaine, trente-trois livres six sous huit deniers par jour, ci	33^{l}	6^{s}	8^{d}	1000^{l}	//^{s}	//^{d}	12000.
A chaque Lieutenant, onze livres deux sous deux deniers deux tiers, ci	11.	2.	2 $\frac{2}{3}$	333.	6.	8	4000.
A chaque Sous-lieutenant, cinq livres onze sous un denier un tiers, ci	5.	11.	1 $\frac{1}{3}$	166.	13.	4	2000.
A chaque Enseigne, trois livres six sous huit deniers, ci	3.	6.	8	100.	//	//	1200.
A chaque Sergent-d'armes, deux livres sept sous deux deniers deux tiers, ci	2.	7.	2 $\frac{2}{3}$	70.	16.	8	850.
A chaque Sergent-fourrier, deux livres un sou huit deniers, ci	2.	1.	8	62.	10.	//	750.
A chaque Sergent, une livre treize sous quatre deniers, ci	1.	13.	4	50.	//	//	600.
A chaque Caporal, Aide-fourrier & Magasinier, douze sous, ci	//	12.	//	18.	//	//	216.
A chaque Appointé, Aide-magasinier & Chirurgien, onze sous, ci	//	11.	//	16.	10.	//	198.
A chaque Tambour, douze sous, ci	//	12.	//	18.	//	//	216.
A chaque Grenadier, dix sous, ci	//	10.	//	15.	//	//	180.
COMPAGNIES DE FUSILIERS.							
A chaque Capitaine, trente livres onze sous un denier un tiers, ci	30.	11.	1 $\frac{1}{3}$	916.	13.	4	11000.

	APPOINTEMENS ET SOLDE EN TOUT TEMPS.						
	Par jour.			Par mois.			Par an.
A chaque Lieutenant, huit livres six sous huit deniers, ci	8l	6s	8d	250l	//s	//d	3000l
A chaque premier Sous-lieutenant, quatre livres trois sous quatre deniers, ci	4.	3.	4	125.	//	//	1500.
A chaque second Sous-lieutenant, trois livres six sous huit deniers, ci	3.	6.	8	100.	//	//	1200.
A chaque Enseigne à pique, deux livres quatre sous cinq deniers un tiers, ci	2.	4.	$5\frac{1}{3}$	66.	13.	4	800.
A chaque Enseigne à drapeau, une livre seize sous huit deniers, ci	1.	16.	8	55.	//	//	660.
A chaque Sergent-d'armes, deux livres quatre sous cinq deniers un tiers, ci	2.	4.	$5\frac{1}{3}$	66.	13.	4	800.
A chaque Sergent-fourrier, une livre dix-huit sous dix deniers deux tiers, ci	1.	18.	$10\frac{2}{3}$	58.	6.	8	700.
A chaque Sergent, une livre dix sous, ci	1.	10.	//	45.	//	//	540.
A chaque Caporal, Porte-drapeau, Magasinier, Aide-fourrier & Canonnier, onze sous.	//	11.	//	16.	10.	//	198.
A chaque Appointé, Aide-magasinier, Chirurgien & Apprentif-canonnier, dix sous, ci.	//	10.	//	15.	//	//	180.
A chaque Tambour, onze sous, ci	//	11.	//	16.	10.	//	198.
A chaque Fusilier, neuf sous, ci	//	9.	//	13.	10.	//	162.
ÉTAT-MAJOR.							
Au Colonel, cent quatre-vingt-quatorze liv. huit sous dix deniers deux tiers, ci	194.	8.	$10\frac{2}{3}$	5833.	6.	8	70000.
Au Lieutenant-colonel, indépendamment de ses appointemens de Capitaine, trente-deux liv. douze sous neuf deniers un tiers, ci	32.	12.	$9\frac{1}{3}$	979.	13.	4	11750.
Au Major, cinquante livres, ci	50.	//	//	1500.	//	//	18000.
Au premier Aide-major, treize livres dix-sept sous neuf deniers un tiers, ci	13.	17.	$9\frac{1}{3}$	416.	13.	4	5000.
A chacun des six autres Aides-major, douze livres dix sous, ci	12.	10.	//	375.	//	//	4500.
A chacun des sept Sous-aides-major, six livres dix-huit sous dix deniers deux tiers, ci.	6.	18.	$10\frac{2}{3}$	208.	6.	8	2500.
A chacun des quatre Capitaines-appointés, quatre livres trois sous quatre deniers, ci	4.	3.	4	125.	//	//	1500.
A chacun des deux Sergens-d'ordre, trois livres six sous huit deniers, ci	3.	6.	8	100.	//	//	1200.

29. janvier 1764.

	APPOINTEMENS ET SOLDE EN TOUT TEMPS.						
	Par jour.			Par mois.			Par an.
Au Tambour-major, deux livres quatre ſous cinq deniers un tiers, ci	2^{l}	4^{s}	$5^{d}\frac{1}{3}$	66^{l}	13^{s}	4^{d}	800^{l}
A chacun des deux Sous-Tambours-majors, une livre, ci	1.	//	//	30.	//	//	360.
A l'Aumônier, deux livres quinze ſous ſix deniers deux tiers, ci	2.	15.	$6\frac{2}{3}$	83.	6.	8	1000.
A chacun des deux Chirurgiens-majors, deux livres quinze ſous ſix deniers deux tiers, ci	2.	15.	$6\frac{2}{3}$	83.	6.	8	1000.
Au Commiſſaire des guerres, ayant la police, vingt-huit livres onze ſous ſix deniers, ci	28.	11.	6	857.	5.	//	10287.
Au ſecond Commiſſaire, dix-ſept livres douze ſous neuf deniers un tiers, ci	17.	12.	$9\frac{1}{3}$	529.	3.	4	6350.
Au Maréchal-des-logis, huit livres ſix ſous huit deniers, ci	8.	6.	8	250.	//	//	3000.
Au Prevôt, dix livres deux ſous deux den.	10.	2.	2	303.	5.	//	3639.
Au Lieutenant du Prevôt, deux liv. quatre ſous cinq deniers un tiers, ci	2.	4.	$5\frac{1}{3}$	66.	13.	4	800.
Au Greffier, une livre cinq ſous, ci	1.	5.	//	37.	10.	//	450.
Au Juge-Auditeur des Bandes, une liv. treize ſous quatre deniers, ci	1.	13.	4	50.	//	//	600.
A chacun des douze Archers, onze ſous un denier un tiers, ci	//	11.	$1\frac{1}{3}$	16.	13.	4	200.
A l'Exécuteur, huit ſous quatre deniers, ci	//	8.	4	12.	10.	//	150.
Au Médecin, deux livres quatre ſous cinq deniers un tiers, ci	2.	4.	$5\frac{1}{3}$	66.	13.	4	800.
A l'Aide-médecin, une livre ſept ſous neuf deniers un tiers, ci	1.	7.	$9\frac{1}{3}$	41.	13.	4	500.
A l'Apothicaire, une livre treize ſous quatre deniers, ci	1.	13.	4	50.	//	//	600.
A chacun des ſeize Muſiciens, pour tout traitement, quatre livres trois ſous quatre den.	4.	3.	4	125.	//	//	1500.

XLII.

Haute-paye donnée aux Tambours pour l'entretien de leur caiſſe.

AU moyen de la ſolde réglée aux Tambours, par l'article XLI, ils ſeront tenus d'entretenir leur caiſſe de peaux & de cordages, & de ſe fournir de baguettes.

XLIII.

Le régiment continuera d'être

VEUT & entend Sa Majeſté que les appointemens & ſolde réglés aux Officiers & Soldats du régiment de *payé par les Tréforiers de l'ordinaire des guerres.*

fes Gardes-françoifes, par l'article XLI, continuent de leur être payés, comme par le paffé, par les Tréforiers généraux de l'ordinaire des guerres, chacun pendant l'année de leur exercice, & fur les revues du Commiffaire ayant la police dudit régiment.

XLIV.

Retenue pour linge & chauffure.

VEUT auffi Sa Majefté que fur la folde réglée à chaque Caporal, Appointé, Grenadier, Fufilier & Tambour, il foit retenu un fou par jour, en tout temps, pour l'entretien du linge & de la chauffure, dont le décompte leur fera régulièrement fait tous les quatre mois.

XLV.

L'État-major chargé des recrues de toutes les compagnies, au moyen de cent vingt livres par homme.

LES Capitaines du régiment des Gardes-françoifes, feront à l'avenir déchargés du foin de faire des recrues, l'État-major en fera chargé pour toutes les compagnies, au moyen de cent vingt livres par homme; & pour que le remplacement foit promptement exécuté, le Colonel préfentera tous les mois à Sa Majefté un état du nombre d'hommes qui manquera dans chaque compagnie; & il fera ordonné un fonds de cent vingt livres pour chacun defdits hommes, lequel fera remis fur le champ à la Caiffe du Tréforier de l'ordinaire des guerres en exercice, qui fera tenu de remettre tous les ans, au Colonel, un état général des fonds qui auront été employés audit remplacement, afin qu'il en foit rendu compte à Sa Majefté par le Colonel.

Et pour faciliter audit régiment les moyens d'effectuer les recrues qui lui feront néceffaires, Sa Majefté autorife le Colonel, en tant que befoin feroit, à donner les pouvoirs qu'il jugera à propos pour faire les recrues du régiment de fes Gardes-françoifes dans toute l'étendue du royaume.

XLVI.

LES hommes de recrues ne feront agréés qu'autant qu'ils auront moins de vingt-cinq ans, ce dont ils juftifieront par leur extrait baptiftaire en bonne forme, & cinq pieds quatre pouces de taille, conformément au règlement du 8 décembre 1691 ; ils ſeront de plus tenus de produire un certificat de bonnes mœurs & de domicile, ſigné du Major & du Commiſſaire ayant la police du régiment, qui ſeront chargés d'en faire toutes les informations & perquiſitions néceſſaires, & ils ne pourront être payés que ſur le certificat de leur réception par le Colonel.

XLVII.

Les hommes de recrues prêteront ſerment entre les mains du Major.

LE Major fera prêter ſerment, entre ſes mains, aux Soldats de recrues, à la tête du régiment en bataille, ſur les drapeaux qui ſeront réunis à cet effet ; leſdits Soldats jureront d'obéir aux ordres de leurs Officiers & bas Officiers, de ne jamais déſerter, de ne quitter jamais leur drapeau ſous quelque prétexte que ce ſoit, & étant particulièrement deſtinés à l'honneur de garder Sa Majeſté, ils promettront de la ſervir avec zèle & fidélité, & de veiller à ſa conſervation au péril de leur vie.

XLVIII.

Le Colonel ſeul chargé de donner les congés abſolus.

DÉFEND Sa Majeſté à tous Capitaines & Officiers du régiment de ſes Gardes-françoiſes, de donner à l'avenir aucun congé abſolu ; le Colonel ſeul ſera chargé de les accorder après avoir pris les ordres de Sa Majeſté.

XLIX.

Armement.

SA MAJESTÉ fera fournir à l'avenir aux compagnies du régiment de ſes Gardes-françoiſes, l'armement & les tentes dont elles pourront avoir beſoin ; Elle fera auſſi rembourſer l'ancien armement & les tentes neuves qui ſont actuellement en magaſin, & Elle donnera ſes ordres pour faire entretenir l'ancien armement, afin que le régiment ait en tout temps deux armemens, deux équipemens & deux habillemens.

L.

Maſſe pour l'habillement.

SA MAJESTÉ fera fournir une Maſſe pour l'habillement, ſur le pied de trois ſous par jour pour chaque Sergent, Caporal, Appointé, Tambour, Grenadier & Fuſilier ; laquelle Maſſe ſera toujours payée ſur le pied complet, & remiſe tous les mois avec la ſolde dans la Caiſſe du Tréſorier général de l'ordinaire des guerres qui ſera en exercice; l'intention de Sa Majeſté étant que les trois ſous deſtinés à chaque Sergent ſoient ajoutés aux vingt-cinq mille livres, payées par les Fermiers généraux, pour l'habillement deſdits Sergens; mais Sa Majeſté réſerve l'adminiſtration directe de la Maſſe de l'habillement au Colonel dudit régiment, lequel au moyen de ladite Maſſe ſera tenu de faire habiller & équiper ledit régiment, & d'en rendre compte à Sa Majeſté.

L I.

Réparations journalières.

A l'égard des réparations journalières qu'il conviendra de faire à l'habillement, équipement & armement des compagnies dudit régiment des Gardes-françoiſes; Sa Majeſté fera former une Maſſe de ſix livres pour chaque homme par an, en tout temps, laquelle Maſſe ſera payée ſur le pied complet tous les mois avec la ſolde: Entendant Sa Majeſté qu'il ſoit dreſſé tous les ſix mois un état, ſigné par le Major, de recette & de dépenſe de ladite Maſſe, pour être remis au Colonel, lequel en rendra compte à Sa Majeſté.

L I I.

Demi-ſolde des abſens par congés, & ſolde de ceux qui ne rejoindront pas à l'expiration de leurs congés, réunis à la Maſſe des menues réparations.

LES Soldats abſens par congé, ne toucheront que la moitié de leur ſolde pendant tout le temps de leur abſence, & le décompte leur en ſera fait à leur retour au régiment; à l'égard de ceux qui ne rejoindront pas exactement à l'expiration de leur congé, ils ſeront privés de la ſolde entière pendant tout le temps de leur abſence: Voulant Sa Majeſté que la ſolde entière deſdits hommes, ainſi que la moitié de la ſolde des abſens par congé, ſoient réunies à la Maſſe des menues réparations, établie par l'article LI; bien entendu que ceux deſdits Soldats, qui outre-paſſeront ſans cauſe légitime, le terme de leur congé, encourront la peine portée contre les Déſerteurs, & ſeront punis ſuivant la rigueur des ordonnances.

L I I I.

Tous les fonds,

TOUS les fonds qui ſeront faits, tant pour les

appointemens, solde & différentes Masses, seront remis au Trésorier général de l'ordinaire des guerres, pour être par lui délivrés au Major, qui en aura l'administration, sous les ordres du Colonel.

remis par le Trésorier général de l'ordinaire des guerres, au Major.

L I V.

LE Major remettra tous les mois au Colonel, un état des fonds qui lui auront été délivrés, & un de ceux qu'il aura dépensés, avec les causes de recette & de dépense; ces états seront signés par le Lieutenant-colonel, & en son absence par le premier Capitaine; le Major ne pourra d'ailleurs faire aucune dépense que sur l'ordre du Colonel.

Le Major donnera tous les mois au Colonel, un état de recette & de dépense.

L V.

VEUT Sa Majesté que dans tous les temps les Capitaines du régiment de ses Gardes-françoises, jouissent de leurs appointemens en entier, à la seule retenue des quatre deniers pour livre de leur compagnie, non compris les Officiers.

Les Capitaines ne payeront que la retenue des quatre deniers pour livre.

L V I.

LE pain & la viande seront toujours fournis en campagne, au régiment des Gardes-françoises, sur le même pied qu'aux autres régimens de l'Infanterie françoise.

Fourniture du pain & de la viande en campagne.

L V I I.

LES Officiers auront, pendant la campagne, la quantité de rations de pain attribuée à leur grade, & la retenue leur en sera faite sur le même pied qu'aux Soldats.

Rations de pain aux Officiers.

L V I I I.

LES Officiers auront en campagne, & lorsqu'ils marcheront par étape, la quantité de rations de fourrages réglée pour chaque grade; les deux Sergens-d'ordre, l'Aumônier, les deux Chirurgiens-majors, la Prevôté & tous les Sergens continueront de recevoir une ration de fourrage lorsqu'ils marcheront par étape.

Rations de fourrages.

L I X.

ENTEND Sa Majesté qu'à commencer du jour que l'étape cessera d'être fournie aux Officiers qui marcheront en campagne jusqu'au jour qu'ils recevront l'étape pour revenir à Paris, le fourrage ne soit délivré aux Officiers

Les Officiers ne recevront le fourrage qu'en une qualité.

qu'en une ſeule qualité, ſans qu'ils puiſſent le recevoir ſous aucun prétexte, pour deux ou pluſieurs qualités.

L X.

Suppreſſions de penſions d'ancienneté & des gratifications attachées aux charges.

Au moyen du traitement réglé par la préſente Ordonnance, qui décharge les Capitaines de l'entretien de leur troupe, toutes les penſions d'ancienneté & gratifications attachées aux charges, les douze cents livres de gratification ou ſupplément de ſolde par campagne qu'on étoit dans l'uſage d'accorder aux Capitaines, dont les compagnies marchoient à la guerre, & les cent vingt-trois mille cinquante livres de gratification annuelle, accordée audit régiment, ſeront ſupprimées. Il ne ſera payé audit régiment, en temps de paix, ni argent d'étape aux recrues, ni paye de gratifications; & en temps de guerre, ni étape aux recrues, ni argent de recrues, ni payes de gratifications, ni uſtenſile.

Voulant cependant bien Sa Majeſté, continuer de faire payer la ſomme de quatre mille livres, pendant le temps de guerre ſeulement, au Commandant du régiment, lorſqu'il ſera la campagne en qualité de Commandant de la brigade; & celle de quinze cents livres, accordée tant en temps de paix qu'en temps de guerre, à chacun des quatre Capitaines appointés dans la colonne des Capitaines.

L X I.

Les Capitaines chargés de veiller à leur troupe.

L'intention de Sa Majeſté eſt que quoique les Capitaines ne ſoient plus chargés ni des recrues, ni de l'entretien de leur compagnie, ils veillent cependant, avec la même attention, à tout ce qui pourra contribuer au bien-être des Soldats & à leur entretien, en rendant un compte exact de leur compagnie au Colonel.

L X I I.

Précautions pour parvenir à la nouvelle compoſition.

Sa Majesté ayant reconnu que la conſtitution ſolide qu'Elle veut donner au régiment de ſes Gardes-françoiſes, dépend du choix des hommes qui compoſeront ledit régiment, Elle veut que pour parvenir à la nouvelle compoſition preſcrite par la préſente ordonnance, le Colonel choisisse cent dix hommes pour former chaque compagnie de Grenadiers & de Fusiliers, parmi tout ce qu'il y aura de meilleur dans chaque compagnie pour la taille, l'âge, la bravoure & les mœurs, en observant de conserver par préférence ceux qui ne seront pas mariés.

Si cependant le choix prescrit ci-dessus, éprouvoit des difficultés dans quelques compagnies, entend Sa Majesté que le Colonel prenne dans toutes les compagnies de Fusiliers indistinctement, même parmi les surnuméraires, les hommes dont il aura besoin pour les incorporer dans telle compagnie qu'il jugera à propos.

LXIII.

Le régiment sera caserné, les Capitaines déchargés du soin des logemens, dont le Colonel seul sera chargé.

Le régiment des Gardes-françoises, sera caserné dans trois ou six corps de casernes, ainsi qu'il sera plus convenable pour la sûreté de la ville de Paris; & à cet effet, le Colonel, après avoir pris les ordres de Sa Majesté, traitera avec ladite ville de Paris pour ce qui concerne les bâtimens, l'emplacement, les fournitures, tant pour les Officiers que pour les Soldats, la fourniture du bois pour les casernes, la fourniture du bois & de la chandelle pour les différens corps-de-garde; & en abandonnant le produit des logemens affectés audit régiment, il se réservera la somme de cinquante mille livres que la ville de Paris continuera de payer, pour être distribuée par le Colonel dudit régiment, qui prendra chaque année les ordres de Sa Majesté pour en faire la répartition, ainsi & de la manière qu'il a fait jusqu'à présent: Voulant au surplus Sa Majesté, qu'à commencer du 1.er Avril prochain, jour qu'Elle a fixé pour la nouvelle composition prescrite par la présente ordonnance, les Capitaines soient déchargés du soin des logemens de leur compagnie, & que le Colonel demeure seul chargé de la manutention desdits logemens des trente-trois compagnies du régiment des Gardes-françoises; à l'effet de quoi le Colonel prendra les ordres de Sa Majesté pour en faire la distribution dans les quartiers de Paris qui leur seront assignés, en attendant que les nouvelles casernes soient construites.

LXIV.

Défense de travailler dans Paris, sans la permission du Colonel.

DÉFEND Sa Majesté aux Capitaines du régiment de ses Gardes-françoises, de permettre aux Soldats de leur compagnie, de travailler dans Paris ; réservant Sa Majesté au Colonel d'accorder auxdits Soldats la permission de travailler aux ouvrages compatibles avec le bien du service.

LXV.

Permission de mariage, & congé de semestre.

LES Capitaines ne pourront pareillement donner à leurs Soldats aucune permission de se marier & de s'absenter, par congé ou autrement ; se réservant Sa Majesté de déclarer au Colonel ses intentions sur le nombre, la forme & les époques des congés qui seront délivrés chaque année auxdits Soldats, ainsi que sur les permissions de se marier, lorsqu'Elle jugera à propos d'en accorder.

LXVI.

Le Colonel aura directement la police, &c. des casernes, sous les ordres du Roi.

LE Colonel du régiment des Gardes-françoises, prendra les ordres de Sa Majesté pour le règlement de discipline, police & service à établir dans les casernes, ainsi que pour les constructions & l'établissement d'un hôpital.

LXVII.

Le Colonel continuera d'être chargé de l'habillement.

LE Colonel dudit régiment, continuera de prendre les ordres de Sa Majesté pour l'uniforme & l'habillement de ce régiment.

LXVIII.

Quatre Capitaines nommés par lui, seront présens à tous les marchés.

LE Colonel nommera quatre Capitaines pour être présens à tous les marchés de l'habillement ; ces marchés devront être signés du Major & desdits quatre Capitaines, pour qu'ils soient agréés & passés en compte par le Colonel.

LXIX.

Journées d'hôpitaux au compte du Roi.

A commencer du 1.er Avril prochain, les journées d'hôpitaux seront toutes passées au compte de Sa Majesté ; mais ceux qui seront aux hôpitaux ne recevront point leur ſolde pendant tout le temps qu'ils y ſeront, ainſi qu'il ſe pratique dans l'Infanterie françoiſe.

L X X.

Le régiment continuera de jouir de tous ſes anciens priviléges.

VEUT au ſurplus Sa Majeſté que ſon régiment des Gardes-françoiſes, continue de jouir de tous les priviléges & différentes prérogatives qui lui ont été accordées depuis ſa création, & qui ne ſont point contraires à la préſente ordonnance.

MANDE & ordonne Sa Majeſté au Colonel dudit régiment de ſes Gardes-françoiſes, aux Commiſſaires des guerres à ſa conduite & police, & à tous autres ſes Officiers qu'il appartiendra, de tenir la main à l'exécution de la préſente. FAIT à Verſailles le vingt-neuf janvier mil ſept cent ſoixante-quatre. *Signé* LOUIS. *Et plus bas,* LE DUC DE CHOISEUL.

www.ingramcontent.com/pod-product-compliance
Lightning Source LLC
LaVergne TN
LVHW010015230826
846092LV00002B/824

* 9 7 8 2 3 2 9 6 3 0 6 9 4 *